MÉMOIRE

sur

LE DIVORCE

Histoire, Mœurs, Législation

AVANTAGES & INCONVÉNIENTS

DE CETTE INSTITUTION

Le *Divorce* est un remède;
la *Séparation* n'est qu'un palliatif.

LARCHER.

VIENNE

E.-J. SAVIGNÉ, IMPRIMEUR-ÉDITEUR

1879

MÉMOIRE

sur

LE DIVORCE

Histoire, Mœurs, Législation

AVANTAGES & INCONVÉNIENTS

DE CETTE INSTITUTION

> Le *Divorce* est un remède ;
> la *Séparation* n'est qu'un palliatif.
>
> LARCHER.

VIENNE

E.-J. SAVIGNÉ, IMPRIMEUR-ÉDITEUR

1879

MÉMOIRE

SUR

LE DIVORCE

I

DÉFINITION. — CONSIDÉRATIONS GÉNÉRALES
PLAN DU MÉMOIRE

Le *divorce* est la dissolution du mariage faite en vue des intérêts respectifs du mari et de la femme ; il résulte souvent du consentement mutuel des époux. La *répudiation* est le renvoi de la femme par la volonté seule du mari ; elle est un acte de puissance pour celui-ci, une nécessité souvent douloureuse pour celle-là.

Il ne faut pas se dissimuler les difficultés d'une loi sur le divorce : l'intérêt, les passions, les préjugés, les habitudes, des motifs encore d'un autre ordre, toujours respectables par la source même dont ils émanent, présentent, s'il est permis de le dire, à chaque pas des ennemis à combattre.

L'autorisation du divorce serait *inutile*, déplacée, dangereuse chez un peuple naissant, dont les mœurs pures, les goûts simples assureraient la stabilité des mariages, parce qu'elles garantiraient le bonheur des époux.

Elle serait *utile*, nécessaire, si l'activité des passions et le dérèglement des mœurs pouvaient entraîner la violation de la foi promise, et les désordres incalculables qui en sont la suite.

Elle serait *inconséquente* chez un peuple qui n'admettrait qu'un seul culte, s'il pensait que ce culte établit d'une manière absolue l'indissolubilité du mariage.

Ainsi, la question doit recevoir une solution différente, suivant le génie et les mœurs des peuples, l'esprit des siècles, et l'influence des idées religieuses sur l'ordre politique (1).

Il suit de là que l'institution du divorce a subi, comme toutes les institutions humaines, bien des vicissitudes dans le cours des siècles. Tour à tour prôné et combattu, suivant les temps et le degré de civilisation des peuples, le divorce est aujourd'hui admis par la plupart des nations; mais les formalités à remplir pour le faire prononcer, les conséquences civiles qu'il entraîne pour les conjoints, varient suivant les mœurs et la législation de chaque pays.

---

(1) *Rapport sur la loi du divorce* par le citoyen Treilhard, membre du Conseil d'Etat (1803).

Nous devons donc commencer par tracer un rapide *historique* du divorce, et donner un aperçu des mœurs et de la législation des divers peuples qui l'ont admis dans leurs institutions. Puis nous ferons ressortir les *avantages* et les *inconvénients* de cette institution, soit au point de vue de l'intérêt particulier des conjoints, soit au point de vue de l'intérêt public et de la morale.

II

HISTOIRE, MŒURS ET LÉGISLATION

L'histoire du divorce est aussi ancienne que le monde. Ainsi que le remarque plaisamment Voltaire, le divorce est de la même date à peu près que le mariage. « Je crois pourtant, ajoute-t-il, que le mariage est de quelques semaines plus ancien, c'est-à-dire qu'on se querella avec sa femme au bout de quinze jours, qu'on la battit au bout d'un mois, et qu'on se sépara après six semaines de cohabitation. »

Sans pousser aussi loin les choses, il est certain que, dès la plus haute antiquité, le divorce était entré dans les mœurs et les lois des peuples primitifs. La loi hébraïque, notamment, dont on ne peut contester l'authenticité, et qui est le résumé de toutes les civilisations anciennes, nous fournit à cet égard les indications les plus précises. On lit, en effet, dans la Bible : « Si un homme, après avoir épousé une femme et vécu avec elle, en conçoit ensuite du dégoût, à cause de quelque défaut honteux, il fera un *écrit de divorce*, et, l'ayant mis entre les mains de cette femme, il la renverra hors de sa maison. »

L'*écrit de divorce*, rédigé par un scribe ou un greffier commis à cet effet, était conçu dans les termes de la formule suivante, traduite des écrits d'un célèbre rabbin :

« En telle semaine, en tel mois, en telle année de
« la création du monde, moi... (ici le nom du mari),
« qui suis du pays de... et demeure en tel lieu, je me
« suis déterminé de mon plein gré, et sans y être
« contraint par personne, à répudier ma femme...
« (ici le nom de la femme); et je l'ai, en effet, renvoyée
« et mise hors de ma maison, consentant qu'elle em-
« porte tout ce qui lui appartient et qu'elle épouse tel
« autre qu'elle voudra. Pour qu'elle puisse disposer
« de sa personne sans aucun empêchement de ma
« part, je lui ai délivré cet acte de séparation qui
« constate que je l'ai renvoyée et que je ne la re-
« garde plus comme ma femme, m'étant conformé,
« pour arriver à cette fin, à tout ce qui est prescrit
« par la loi de Moïse et d'Israël. (1) »

Chez tous les peuples de l'Orient, comme chez les
Israélites, il n'était permis qu'aux maris de renvoyer
leurs femmes ; mais, dans la Grèce, les lois permet-
taient le divorce aux femmes aussi bien qu'aux maris.
Les affaires de divorce se traitaient à Athènes devant
l'*Archonte* (2), qui n'approuvait et n'autorisait le
divorce demandé qu'après en avoir apprécié les
motifs.

A Rome, on distinguait le divorce de la répudiation.
« Le divorce était la dissolution du mariage par le
consentement mutuel des époux; la répudiation était
l'effet de la volonté de l'un des conjoints seulement. »

---

(1) *Dictionnaire* de P. Larousse.
(2) Les *Archontes* étaient les premiers magistrats de la République
d'Athènes, de même que les *Ephores* dans la République de Sparte.

Le droit de répudiation n'appartint d'abord qu'au mari ; mais lorsque les mœurs grecques passèrent dans les mœurs romaines, le droit de répudiation, qui de tout temps avait été accordé aux femmes à Athènes, leur fut également accordé à Rome. Lorsque le divorce était prononcé, la femme reprenait tous ses apports matrimoniaux, à moins qu'elle ne fût coupable et qu'elle eût été répudiée justement. En ce cas, le mari conservait la dot tout entière.

Le divorce devint, avec la décadence de la république, d'un usage fréquent. Ce qui ne doit jamais être que l'exception fut la règle. On répudiait sa femme pour les causes les plus futiles, souvent même pour de simples raisons d'intérêt pécuniaire. Il passa dans les habitudes que les hommes politiques répudiassent leur femme pour épouser la fille, la sœur ou la parente de quelque homme puissant, avec lequel il était de leur avantage de s'allier. Le mariage ne fut plus qu'un lien qu'on rompait avec une déplorable facilité.

C'est ainsi que l'on voit César, Antoine, Octave, contracter chacun trois, quatre et jusqu'à cinq unions. Pompée renvoya sa femme pour épouser la petite-fille du dictateur Sylla, parce que cette alliance lui était extrêmement avantageuse. Plus tard, Sylla ayant disparu du monde politique, et César l'ayant remplacé, Pompée divorça de nouveau pour s'unir à Julie, fille du nouveau maître. Il ne s'en tint pas là, et, quand il fut devenu le rival de César, il répudia Julie pour épouser, lui déjà vieux, une toute jeune fille de la famille des Scipions.

Au reste, Caton disait déjà des hommes de son temps « que c'était une chose insupportable de voir comment, commerçant de femmes, ils se donnaient les uns aux autres les plus hautes dignités de la république. »

Les choses en vinrent à un tel excès que ce fut un honneur pour une femme de n'avoir eu, pendant sa vie, qu'un mari. Et même, quand cela par hasard arrivait, on mettait comme inscription sur sa tombe cette épitaphe singulière : « *Ci-gît une épouse qui fut pieuse, remarquable entre toutes : elle n'eut qu'un mari.* » Aussi Juvénal exerce-t-il sa verve aux dépens des femmes « qui trouvent le moyen de changer de mari huit fois en cinq ans. »

L'apparition de la religion chrétienne amena une révolution dans les mœurs. Avec ses principes austères, qu'elle exagéra même au début pour réagir contre l'entraînement général, elle devait nécessairement proscrire le divorce. Toutefois l'usage du divorce persista longtemps encore en France. Il y avait été importé par les Romains lors de la conquête des Gaules par César, et il s'y perpétua sous les rois de la première et de la seconde race.

Mais la religion catholique, en se développant, empiéta peu à peu sur la loi civile et finit par se substituer à elle. L'Eglise devint, suivant l'expression de Voltaire, souveraine et législatrice ; les papes imposèrent leurs *Décrétales* (1) à l'Occident plongé dans

---

(1) Décrétales. — On désigne sous ce nom le recueil des lettres écrites par les papes en réponse aux questions qui leur étaient adres-

l'ignorance et dans la barbarie. Telle fut leur puissance que trois d'entre eux, Honorius III, Grégoire IX, Innocent III, défendirent par leurs bulles d'enseigner le *Droit civil*; on devait se borner à l'étude du *Droit canonique* (1). Comme l'Église jugea seule du mariage, elle jugea seule du divorce et le condamna comme un crime. « Vous chassez votre femme, avait dit saint Ambroise, et vous croyez que c'est votre droit. Vous vous trompez; car, si la loi des hommes l'autorise,

---

sées par des évêques ou de simples particuliers. On classe ces épîtres en deux catégories: les *décrétales authentiques*; les *fausses décrétales*.

Les *décrétales authentiques* comprennent: le *Code des canons* qui date du milieu du VIe siècle; le *Décret de Gratien*, composé en 1151; les *Décrétales de Grégoire IX et de Boniface VIII*, code supplémentaire que ces deux papes firent rédiger.

Les *fausses décrétales*, publiées en Espagne au IXe siècle, sont l'œuvre d'un compilateur connu sous le nom de Isidore Mercator; elles renferment une série de lettres faussement attribuées à divers papes des premiers siècles de l'Eglise. Le but de l'auteur a été d'étendre par ce subterfuge l'autorité du pape et des évêques, et d'exagérer leur puissance spirituelle et temporelle. Les fausses décrétales amenèrent avec le temps des changements essentiels dans la discipline et la jurisprudence ecclésiastique. C'est ce qu'il importe de bien signaler; car les conséquences subsistent encore aujourd'hui, les usages introduits restent, les prétentions pontificales n'ont point abdiqué. Ces rescrits supposés, armant les papes et les évêques de titres canoniques contre le pouvoir séculier, devinrent la principale cause des démêlés entre la puissance laïque et l'autorité ecclésiastique. Ce ne fût que dans le XVIe siècle que l'on conçut les premiers soupçons sur leur authenticité; Erasme et plusieurs avec lui la révoquèrent en doute; depuis la Réforme, on a acquis une certitude complète. L'Eglise devrait donc rejeter et annuler les droits qu'elle a fondés sur les fausses décrétales, et désavouer les prétentions qu'un faussaire espagnol lui a permis d'élever.

(1) Ce ne fut qu'à partir de Philippe-le-Bel et de ses démêlés avec Boniface VIII, en 1302, qu'on revint à l'étude du Droit civil. A cette époque, des écoles s'ouvrirent où l'on enseignait le *Droit romain;* c'est à ces écoles que se formèrent les *Légistes*, qui eurent bientôt une influence considérable.

celle de Dieu, qui est au-dessus d'elle et à qui elle doit obéir, le défend. » Ces paroles devinrent la règle, et *l'excommunication* fut désormais le prix du divorce.

Philippe-Auguste se crut assez fort pour braver la puissance ecclésiastique, et répudia, malgré les foudres de Rome, sa femme Ingeburge, qu'il n'avait épousée que pour raison d'Etat et pour se faire un allié de son frère, le roi de Danemark. Il entreprit de soutenir la lutte; il fut excommunié et vit son royaume frappé d'interdit. Ni les grâces, ni la bonté d'Agnès de Méranie, qui avait remplacé Ingeburge auprès de lui, ne touchèrent la cour de Rome. Philippe-Auguste, isolé au milieu de ses sujets, abandonné par tous, fut obligé d'éloigner Agnès, qui mourut peu après de douleur et de honte.

Quelquefois la cour de Rome autorisa des souverains à se séparer de leurs femmes légitimes, et à contracter de nouvelles unions; mais alors ce n'était point, à proprement parler, un *divorce* que l'Eglise autorisait ; c'était, par une fiction ou plutôt par un mensonge, une *nullité de mariage* qu'elle reconnaissait. C'est ainsi que, lorsque Henri IV, devenu roi de France, répudia Marguerite de France (1), qu'il n'avait épousée que pour cimenter son alliance avec Henri III, on imagina de dire qu'il n'y avait pas eu de mariage valable entre eux. La casuistique a de merveilleuses ressources de langage. Toujours est-il que

---

(1) Marguerite de France était fille de Henri II, et par suite sœur de Charles IX et de Henri III.

Marguerite de France céda la place à Marie de Médicis, et fut même obligée d'assister au couronnement et au sacre de sa rivale. L'Eglise espérait ainsi dissimuler le divorce sous le nom de nullité du mariage; mais la chose était la même, de quelque mot qu'on se servît pour la nommer.

Henri VIII, en Angleterre, fut le premier souverain assez hardi pour se passer du consentement du pape. Encore avait-il sollicité longtemps l'autorisation de divorcer, et avait-il mis toute l'humilité possible pour l'obtenir. Ayant trouvé le pape inflexible, il prit un parti extrême : ce fut de s'affranchir du joug en se proclamant lui-même chef de la religion anglicane (1). La question du divorce fut soulevée un peu plus tard par Milton, qui en fit l'objet d'une adresse au long Parlement. Le Parlement adopta, à cet égard, les idées du célèbre poëte, qu'il formula en loi.

En France, les esprits restèrent plus longtemps timorés, et se résignèrent plus facilement à subir le *Droit canon* qui formulait ainsi l'état de divorce: « *Tant que l'un des époux séparés de corps est vivant, l'autre ne peut songer à de nouvelles noces, parce que le lien conjugal subsiste.* » La *séparation de corps,*

---

(1) C'est de cette époque (1534) que date le *Schisme* de l'Angleterre sous le pontificat de Clément VII. Le roi d'Angleterre trouva dans l'archevêque Craumer un instrument docile et complaisant de toutes ses volontés. Du reste, il était soutenu par un mouvement d'opinion publique puissant et déjà ancien. Henri VIII avait provoqué le *Schisme,* mais il recula devant l'*Hérésie*: il ne voulut, en effet, toucher à aucun des dogmes et rites. Ce ne fut que sous Edouard VI et Elisabeth que l'*Eglise anglicane* se constitua définitivement par la *Confession de foi* en 39 articles (1562).

qui ne dissout pas le mariage et ne permet que l'éloignement des époux, fut, en France, le seul remède admis par la loi aux unions mal assorties. Et telle était la sévérité de la loi, en cette matière, qu'elle ne souffrit jamais qu'il y fût porté atteinte, même par les protestants ou les juifs.

Pendant les vingt premières années de la seconde moitié du XVIIIe siècle, la cause du divorce trouva en France d'éloquents avocats dans les philosophes, les principaux écrivains et même parmi les jursconsultes. Néanmoins le gouvernement, toujours convaincu que l'alliance intime du trône et de l'Eglise était essentielle à sa conservation, n'osa pas entreprendre une réforme qu'il savait devoir lui aliéner le clergé.

Il fallut le bouleversement révolutionnaire pour modifier les idées reçues à cet égard ; encore doit-on noter ce fait que, parmi les cahiers de 1789, un seul, celui dont le duc d'Orléans était porteur, réclamait le rétablissement du divorce. Les autres, au contraire, maintenaient le principe de l'indissolubilité du mariage. Les principes de la Révolution, en proclamant que l'individu était tout, que la société n'était qu'une des formes propres à sauvegarder la liberté individuelle, contribuèrent à favoriser la tendance des esprit vers le divorce. Enfin, en 1792, un député, Aubert-Dubayet, proposa à l'Assemblée législative de l'établir, et vingt jours après, le 20 septembre, il était décrété (1).

____

(1) C'est dans la dernière séance de l'*Assemblée législative* que la loi

La loi, dans son préambule, *déclarait que le divorce était une conséquence nécessaire de la liberté individuelle, dont un engagement indissoluble serait la perte.* Voici quelles étaient, d'après la loi du 20 septembre 1792, les conséquences du divorce :

Les époux recouvraient leur entière indépendance avec la faculté de contracter un nouveau mariage. Ils pouvaient même se remarier ensemble. Le règlement des biens devaient en principe se faire comme si l'un des deux époux était décédé. Les enfants conservaient les droits résultant des conventions matrimoniales ; mais ces droits ne s'ouvraient à leur profit que dans les conditions où ils se seraient ouverts si leurs père et mère n'avaient pas divorcé. Les contestations entre époux divorcés relatives à l'entretien, à l'éducation et aux intérêts des enfants étaient jugées par des arbitres choisis dans les deux familles, et leurs décisions étaient exécutoires nonobstant appel.

Malgré certains côtés défectueux, cette loi répondait à un besoin ; elle fut accueilli favorablement par l'opinion publique, qui la considérait, à juste titre, comme un progrès sur la législation antérieure. Aussi elle resta en vigueur jusqu'à la promulgation du Code civil, de 1792 à 1803, en dépit des clameurs et des efforts désespérés de la réaction cléricale pour la discréditer.

En 1803, le Code civil reprit cette législation, se

---

sur le divorce fut adoptée. La *Convention* se réunit, en effet, le lendemain 21 septembre, et, dès le jour suivant, elle proclamait la République une et indivisible (22 septembre 1792).

bornant à en modifier quelques dispositions trop abso-
lues qui pouvaient entraîner des abus, et son œuvre
eut pour elle pendant douze ans l'approbation géné-
rale des tribunaux. La loi sur le divorce reçut, sous
l'Empire, de nombreuses applications. Le divorce de
l'empereur Napoléon Ier est le plus célèbre de cette
époque.

Le retour des Bourbons amena naturellement une
réaction tout à la fois politique et religieuse, religieuse surtout. Le divorce était pour la dynastie de
droit divin un scandale que des âmes catholiques ne
pouvaient tolérer. L'un des premiers actes du nouveau
gouvernement fut de l'abolir. *La loi du 8 mai 1816*,
précipitamment votée, malgré les protestations d'une
éloquente minorité, n'autorisa pour l'avenir que la
séparation de corps, palliatif impuissant et qui présente de dangereux inconvénients.

La Révolution de 1830 rendit quelque espérance
aux partisans du divorce. M. de Schonen demanda
son rétablissement en 1831. La Chambre des députés
vota même une loi dans ce sens ; mais la Chambre
des pairs, imbue d'un autre esprit et cédant à de puis-
santes influences, rejeta purement et simplement la
loi. Plus tard, en 1832, 1833 et 1834, M. Bavoux
renouvela par trois fois la même proposition, qui trois
fois fut repoussée.

Il n'en fut plus question jusqu'en 1848. De
nouvelles propositions furent alors présentées ; elles
eurent le même sort que celles qui les avaient
précédées.

Au moment où nous écrivons ces lignes, la Chambre

des députés est de nouveau saisie d'un projet ten-
dant au rétablissement du divorce. Il faut espérer que,
dans cette circonstance solennelle, nos Législateurs sau-
ront s'inspirer de l'esprit de nos institutions républi-
caines et de l'état actuel de nos mœurs, pour résoudre
la question dans le sens le plus conforme à l'équité,
à la liberté individuelle et aux intérêts de la société.

III

AVANTAGES ET INCONVÉNIENTS DU DIVORCE

La question du divorce est une des plus délicates qui puissent occuper les méditations des jurisconsultes, des législateurs et des publicistes.

Quand on ne considère que l'intérêt particulier de ceux qui demandent à rompre un lien devenu pour eux intolérable, on peut raisonner ainsi : Est-il équitable qu'un homme raisonnable et paisible, ami de l'ordre et de la vertu, soit condamné à passer sa vie avec une femme querelleuse, emportée, dissipatrice et souvent libertine ; ou, s'il a recours à la séparation, qu'il soit privé de la plus douce des jouissances et de la consolation de partager son existence? Réciproquement, est-il équitable de laisser unie au sort d'un débauché, d'un furieux, d'un monstre, une épouse bonne, sensible et vertueuse? En un mot, forcer à la cohabitation des époux qui ne s'aiment point, qui ne peuvent plus s'aimer, qui de jour en jour se détestent davantage, n'est-ce pas manquer de justice et déshonorer l'humanité?

Les bonnes mœurs elles-mêmes sont intéressées à ce que certains mariages puissent être dissous. De tout temps les crimes occasionnés par les mauvais mariages ont été nombreux : en une seule année, la

Tournelle (1) du Parlement de Paris prononça sur vingt-neuf crimes d'assassinat ou d'empoisonnement commis par des maris sur leurs femmes ou par des femmes sur leurs maris ; s'il fallait fournir des preuves plus anciennes ou plus récentes, les annales judiciaires nous en offriraient en abondance. Mais une des plus curieuses, et en même temps des plus convaincantes, qu'on puisse invoquer à ce sujet, c'est, sans contredit, l'inscription suivante écrite sur la principale porte d'Agra, en Indoustan :

« Dans la première année du règne du roi Gulef,
« deux mille séparations volontaires entre maris et
« femmes furent prononcées par les magistrats. L'em-
« pereur en fut indigné, et il abolit le divorce. Dans
« le cours de l'année suivante il y eut, à Agra, trois
« mille mariages de moins que les années précédentes,
« et sept mille adultères de plus. Trois cents femmes
« furent brûlées vives pour avoir empoisonné leurs
« maris, et soixante-quinze hommes furent aussi brû-
« lés pour avoir assassiné leurs femmes. La quantité
« de meubles brisés et détruits dans l'intérieur des
« ménages monta à la valeur de trois millions de
« roupies. L'empereur rétablit le divorce. »

---

(1) LA TOURNELLE, nom que l'on donnait à deux Chambres de justice du Parlement de Paris : l'une, dite *Tournelle criminelle* ou simplement *la Tournelle*, qui jugeait en dernier ressort les affaires criminelles ; elle fut instituée en 1436, sous Charles VII, modifiée en 1452 et définitivement constituée en 1519, sous François Ier. L'autre, dite *Tournelle civile*, érigée en 1667 pour les affaires au-dessous de 3,000 livres. On nommait, dit-on, ces deux Chambres *Tournelles*, parce qu'elles se composaient de membres du Parlement qui y venaient siéger *tour à tour* ; il est plus probable que ce nom venait de ce qu'elles siégeaient dans une des *tours* du Palais.

M. Tissot, dans un savant ouvrage sur la matière (1), expose avec beaucoup de talent les raisons qui militent en faveur du divorce : Il fait très-vigoureusement justice de toutes les raisons mystiques et ascétiques qu'on a invoquées en faveur de l'indissolubilité ; il montre très-bien que la législation matrimoniale doit s'inspirer uniquement de la raison et de la conscience naturelle, et s'affranchir pleinement de toute foi religieuse et de toute tradition théocratique. Selon lui, le mariage est de droit naturel, il est essentiellement dissoluble ; l'autorité civile a non-seulement le droit, mais le devoir de l'envisager de cette façon ; elle commet un abus de pouvoir en se prêtant aux vues contraires de l'Eglise. L'autorité civile est parfaitement compétente pour admettre, au nom de la raison seule, au nom de la justice ou de la moralité publique, des causes de rupture du mariage.

Le *divorce*, d'après M. Tissot, présente les avantages suivants :

1º Il met une foule de célibataires dans le cas de se marier, c'est-à-dire tous ceux qui sont par trop pénétrés de l'idée qu'on fait toujours trop tôt ce qu'on ne peut défaire ;

2º Le nombre des célibataires se trouvant ainsi réduit, celui des séducteurs est par là-même diminué, et les mœurs publiques en sont améliorées ;

3º Elles le sont encore par cet autre fait que

---

(1) *Le mariage, la séparation et le divorce*, considérés au point de vue du droit naturel, du droit civil, du droit ecclésiastique, et de la morale ; suivis d'une étude sur le mariage civil des prêtres, par M. Tissot, doyen de la Faculté des lettres de Dijon (1868).

la prostitution trouve beaucoup moins d'aliment;

4° Elles le sont par ce troisième fait que le concubinage est moins fréquent;

5° La population en est accrue, en raison même du nombre plus grand des mariages;

6° Des mariages aujourd'hui stériles pourraient cesser de l'être avec le divorce;

7° La possibilité d'un divorce amènerait des unions mieux assorties, puisqu'on ne se marie que dans l'espoir de rester unis;

8° Le lien une fois formé, la crainte de le voir rompre porterait à des égards, à des concessions qui n'ont plus autant de raison d'être avec l'indisso-lubilité (1);

9° La stérilité relative et celle qui provient de l'aversion des époux se rencontreraient moins souvent;

10° Les mariages étant plus fréquents, il y aurait beaucoup moins d'enfants abandonnés.

La *séparation* a les inconvénients du divorce sans en avoir les avantages, puisqu'elle a de commun avec le divorce de rompre l'union des personnes, de mettre fin à la vie commune, à la procréation, d'être un obstacle à la bonne éducation des enfants. Elle a de plus, en propre, les inconvénients :

1° De laisser subsister de droit une union rompue de fait, et, par conséquent, de rendre les conjoints séparés solidaires du déshonneur que l'un d'eux peut encourir;

---

(1) C'est pour cette raison que les mariages *de la main gauche* sont souvent plus heureux et plus unis que les mariages *légitimes*.

2º De retenir les épqux dans un célibat forcé, ou de les porter à des unions clandestines et illégitimes ;

3º De les exposer ainsi à toutes les séductions et à tous les entraînements d'une vie irrégulière ;

4º De mettre sous les yeux des enfants légitimes l'exemple d'un intérieur peu propre à leur inspirer le respect de leurs parents ;

5º De faire courir aux époux séparés, surtout au mari, le danger de compromettre leur fortune en alimentant leurs passions.

Un second mariage, s'il était possible, préviendrait la plupart de ces dangers. De plus, si la femme séparée peut se remarier, elle cesse d'être à la charge de son ancien mari, ce qui est un danger de ruine de moins pour celui-ci, ou une tentation de moins de s'affranchir de cette charge par un crime. Il faut observer encore que le mari séparé a toutes sortes de raisons de discréditer sa femme pour se justifier, tandis que s'il avait la perspective d'un second établissement possible pour elle, il ménagerait davantage cette ancienne compagne.

Tels sont les avantages que présente le divorce ; mais, il faut bien le reconnaître, il présente aussi de graves inconvénients qui ont attiré de tout temps l'attention des jurisconsultes et des législateurs.

L'*intérêt particulier* des conjoints mal assortis mérite sans doute d'être pris en sérieuse considération ; mais quand on se place à un point de vue plus élevé, celui du *bien public*, on doit prévoir les conséquences du divorce, aussi bien pour les époux que pour les enfants issus de cette union passagère. Il importe de tenir compte également des intérêts de la société elle-même, de la morale publique ; car l'exemple donné va porter atteinte à la sainteté du mariage, à celle même de la famille. Qui élèvera ces malheureux enfants dont le père et la mère n'ont pu vivre ensemble ? Celui des deux époux à qui on les confiera les aimera-t-il, et ne fera-t-il pas retomber sur eux une partie de la haine qu'il a conçue pour l'autre ? Si un nouveau mariage oblige ces enfants à entrer dans une nouvelle famille, quelle place y occuperont-ils parmi d'autres enfants à qui toute la tendresse des parents sera assurée ? Comment réglera-t-on leurs droits d'héritage après la mort des parents, sans faire naître une foule de débats capables de troubler la paix et l'union des familles ?

Il est triste, assurément, de condamner deux indi_vidus à rester malheureux toute leur vie, quand on pense qu'il suffirait d'un mot pour leur rendre la liberté et leur permettre de chercher le bonheur dans une nouvelle union ; mais si cela n'était possible qu'en portant un coup funeste à l'institution même de la famille, qui a toujours été regardée comme le fondement le plus solide de la société, ne serait-on pas fondé à dire : Mieux vaut encore le malheur de deux individus que le risque d'ébranler la société en avilissant la famille ?

Voilà comment raisonnent ceux qui ne sont pas partisans du divorce ; mais ils ne prennent pas garde à une chose essentielle, c'est que les mêmes arguments, dont ils se servent contre le divorce, sont applicables au régime de la séparation de corps, sauf celui qui a trait aux droits d'héritage des enfants, droits susceptibles d'être lésés par un second mariage s'il survient d'autres enfants. En dehors de ce fait particulier, les mêmes inconvénients sont communs aux deux situations.

D'ailleurs, si l'on invoque ce dernier argument en faveur de la séparation de corps, on est en droit de répondre que le divorce présente, de son côté, des avantages qui lui appartiennent en *propre*, avantages que nous avons suffisamment signalés plus haut. On peut encore ajouter que l'intérêt des père et mère étant par le fait tout aussi respectable que celui des enfants, il serait souverainement injuste, *si la vie commune est devenue impossible entreeux*, de les priver du bonheur et des jouissances qu'ils pourraient trouver dans une seconde union, sous le prétexte de préserver les droits d'héritage de leurs enfants de toute atteinte *éventuelle*.

En effet, ne voit-on pas tous les jours des veufs ou des veuves convoler en secondes noces, malgré la présence d'enfants d'un premier lit?... *Pour être logique et conséquent, il faudrait donc prohiber aussi ces sortes d'unions, puisqu'elles présentent les mêmes inconvénients au sujet de la situation et des droits des enfants.*

Il est facile de se rendre compte, d'après cet exposé sommaire, combien cette question du divorce est sérieuse et sujette à controverses, suivant que l'on se place au point de vue de l'intérêt particulier des conjoints , ou au point de vue de l'intérêt supérieur du bien public et de la société. Toutefois , nous croyons sincèrement qu'il est possible de sauvegarder tous les intérêts engagés dans cette question si complexe. Il suffirait pour cela d'entourer l'institution du divorce des garanties et des précautions nécessaires, pour que ce ne soit jamais qu'un remède extrême, auquel on ne puisse être tenté de recourir que dans les cas de la plus absolue nécessité.

Au surplus, la preuve que le divorce est un MAL NÉCESSAIRE, c'est qu'il a existé de tout temps et sous toutes les latitudes, chez les peuples du Nord, comme chez les peuples du Midi, s'adaptant ainsi aux civilisations les plus diverses. De nos jours, il est encore la loi commune de presque tous les États européens : la France, l'Italie et l'Espagne sont les seules puissances qui ne l'admettent point. ET D'OU VIENT CETTE EXCLUSION?... IL NE FAUT PAS EN CHERCHER LA CAUSE AILLEURS QUE DANS L'INFLUENCE PRÉDOMINANTE DES PRÉJUGÉS RELIGIEUX, QUI SONT TOUJOURS PROFONDÉMENT ENRACINÉS DANS CES TROIS PAYS DE RACE LATINE.

F. MAURICE.

Vienne, imp. Savigné.

Pour paraître prochainement :

MAXIMES ET PENSÉES sur la Femme, tirées des meilleurs auteurs ; suivi de

ÉTUDE SUR L'AMOUR au point de vue philosophique et historique.

Cet ouvrage, actuellement sous presse à l'imprimerie SAVIGNÉ, formera un beau volume in-12.